BEI GRIN MACHT SICH IHR WISSEN BEZAHLT

- Wir veröffentlichen Ihre Hausarbeit, Bachelor- und Masterarbeit

- Ihr eigenes eBook und Buch - weltweit in allen wichtigen Shops

- Verdienen Sie an jedem Verkauf

Jetzt bei www.GRIN.com hochladen und kostenlos publizieren

Johannes Vehring

Der untere Donauraum als Beispiel für die Probleme der Kaiserzeit des Philippus Arabs

GRIN Verlag

Bibliografische Information der Deutschen Nationalbibliothek:

Die Deutsche Bibliothek verzeichnet diese Publikation in der Deutschen National-
bibliografie; detaillierte bibliografische Daten sind im Internet über http://dnb.d-
nb.de/ abrufbar.

Impressum:

Copyright © 2012 GRIN Verlag GmbH
Druck und Bindung: Books on Demand GmbH, Norderstedt Germany
ISBN: 978-3-656-34558-9

GRIN - Your knowledge has value

Der GRIN Verlag publiziert seit 1998 wissenschaftliche Arbeiten von Studenten, Hochschullehrern und anderen Akademikern als eBook und gedrucktes Buch. Die Verlagswebsite www.grin.com ist die ideale Plattform zur Veröffentlichung von Hausarbeiten, Abschlussarbeiten, wissenschaftlichen Aufsätzen, Dissertationen und Fachbüchern.

Besuchen Sie uns im Internet:

http://www.grin.com/

http://www.facebook.com/grincom

http://www.twitter.com/grin_com

Phillips-Universität Marburg
Fachbereich 06: Geschichte und Kulturwissenschaft
Proseminar: Philippus Arabs
Sommersemester 2012

Der untere Donauraum als Beispiel für die Probleme der Kaiserzeit des Philippus Arabs

Eingereicht von:

Johannes Vehring

Fachsemester: 2

Inhaltsverzeichnis

Literaturverzeichnis

Einleitung

Das 3. Jahrhundert n. Chr. war eine Zeit der großen Unsicherheiten für das römische Imperium. Ein Jahrhundert der Krisen, Usurpationen und militärischen Konflikten. Die Bedrohungen kamen sowohl von außerhalb, z.b. durch germanische Stämme und die Sasaniden, als auch von innerhalb, durch wirtschaftlichen Niedergang, Inflation und interne Machtkämpfe. Philippus Arabs fällt mit seiner Regentschaft mitten in diese Zeit und ist ein gutes Beispiel für diese langwährende Krise. Durch den Tod Gordian III, an dem er nicht ganz unbeteiligt gewesen sein soll, 244 zum Kaiser ausgerufen, bis zu seinem gewaltsamen Ende 249, war seine Herrschaft geprägt durch innere Unruhen und Einfälle von Außen. Einen besonderen Platz nehmen dabei die Goten und Karpen ein, zwei immer wieder angreifende Stämme. Ihre Attacken führten in einer Wechselwirkung immer auch zu inneren Revolten. Für Philippus Arabs waren diese ausschlaggebend für seine Herrschaft. In der Hausarbeit soll durch die chronologische Aufzählung der Ereignisse verdeutlicht werden, wie diese Wechselwirkung funktionierte, warum sie für das Ende des Kaisers verantwortlich war und warum der untere Donauraum Sinnbild, ist für die gesamte Krise des 3. Jahrhunderts. Vor allem anhand der Quellen des Historiker Zosimos und Zonaras und ihren Werken, der „Historia nea" und „Epitome Historion", so wie den römisch-gotischen Geschichtsschreiber Iordanes und dessen „Getica". Allerdings sind diese immer mit Vorsicht zu betrachten, da sie nicht den Anspruch haben, neutral und sachlich zu sein, sondern immer eine gewisse Intention verfolgen. Unter der neueren Forschungsliteratur wäre hier besonders noch Christian Körners „Philippus Arabs" zu nennen. Sein Buch gibt einen, so gut wie möglich, tiefen Einblick in die Kaiserzeit von Philippus Arabs und kann als der aktuellste Stand der Forschung angesehen werden. Die Quellenlage an sich ist dennoch spärlich, was zum einen auf den kurzen Zeitraum der Regierung zurückzuführen ist, als auch der Tatsache geschuldet ist, das allgemein über die sogenannten „Soldatenkaiser" des 3. Jahrhunderts wenig überliefert wurde. Eine weitere Problematik besteht darin, dass die Quellen oft uneinheitlich sind und somit viel Raum für Spekulationen und Interpretationen übrig lassen. Neben den literarischen Quellen werden in dieser Arbeit auch gelegentlich numismatische und archäologische herangezogen, um die getroffenen Aussagen zu unterstützen. Jedoch lastest auf ihnen nicht der Schwerpunkt.

Einfall der dakischen Karpen

Als Philippus Arabs seine Herrschaft nach dem Tod Gordians III antrat, sah er sich einer desaströsen Situation ausgesetzt. Der Krieg mit dem Sassanidenkönig Schapur I konnte nicht mehr gewonnen werden und die Römer mussten sich den Friedensbedingungen des Königs beugen[1]. Durch Propaganda, wie es z.b. Münzen bezeugen[2], konnte man zwar darüber hinwegtäuschen, dass dies eigentlich ein bitterer Frieden für Rom war, aber der Regierungsbeginn des neuen Kaisers begann alles andere als gut. Dennoch hatte Philippus Arabs direkt am Anfang seiner Regentschaft einen großen Konfliktherd beruhigen können. Nach seiner Ankunft in Rom begann er systematisch eine dynastische Verankerung seiner Herrschaft zu errichten, indem er seinen Sohn M. Iulius Philippus der Öffentlichkeit als neuen Caesar präsentierte[3]. Doch schon bald loderte eine neue Gefahren auf. Im Jahr 245 wurde die untere Donauregion Angriffsziel von dakischen Karpen. Der einzige der davon berichtet, ist Zosimos im ersten Buch seiner „Historia nea". In der Übersetzung heißt es „In der Meinung, sich hierdurch die Regierung gesichert zu haben, that er einen Kriegszug gegen die Karpier, die schon die Gegenden an der Donau verwüsteten. 2. In der Schlacht hielten die Barbaren den Angriff nicht aus, flüchteten sich in eine Burg, und wurden daselbst belagert. 3. Wie sie aber ihre, da und dorthin zerstreut gewesene Mannschaft sich wieder sammlen sahen, faßten sie auch zugleich Muth, schlichen sich hinaus, und fielen in das Römische Heer. 4. Aber dem Anfalle der Mauritanier nicht gewachsen, thaten sie Friedensvorschläge, die Philippus gerne annahm, und abzog[4]." Auffällig hierbei ist die Tatsache, das Philippus persönlich an dieser Gegenoffensive teilnahm. Dies belegt ebenfalls eine Grabinschrift aus Intercisa in Unterpannonien „[D(is) M(anibus)]. Ael(io) Proculino [e(gregiae) m(emoriae) v(iro) [...] (centurioni)] primo in coh(orte) (milliaria) [Hemes(enorum), trans]lato in leg(ionem) II Ad[iut(ricem) P(iam) F(idelem), exer]cit(atori) eq(uitum) leg(ionis) s(upra)[s(criptae), (centurioni) coh(ortis) [---] urb(anae) (centurioni)] coh(ortis) VII praet(oriae) p(iae) v(indicis) [Phil(ippianae) bello] Dacico deside[rato ad ca]stel(lum) Carporum [milit(avit) ann(os)] XXVI. P(ublius) Ael(ius) Procu[lus (centurio) coh(ortis) ei]usdem et Aure[lia ---] a parentes fil[io suo ca]rissimo et sib[i vivis] et infelic[issimo] filio posue[runt][5]. Philippus Anwesenheit wird durch die Erwähnung der Prätorianerkohorte bestätigt. Dies verdeutlicht den Ernst

1 Vgl. Strobel 1993, S. 218f..
2 RIC IV 3, S. 64 u. 76 f..
3 Kienast 1996, 200.
4 Zosimos 1, 20 1-4.
5 AE 1965, 223. = RIN 5, 1155.

der Situation, der sich durch den Karpeneinfall ergibt. Zum einen zeigte dieser, wie groß die Gefahr von außen an der Grenze war, zum anderen musste man immer befürchten, das sich Gegenkaiser während eines Feldzuges erheben. Der Grund für die Einfälle der Karpen wird zumeist in der Fachliteratur mit einfacher Beutelust begründet. Auch wird vermutet, dass durch die Wanderung einzelner Stämme die Karpen aus ihrer Heimat verdrängt wurden. Welche Motivation wirklich hinter den Übergriffen steckt, ist umstritten. Der Sieg über die Karpen brachte Philippus aber keine Ruhe ein.

Auswirkungen des Sieges von Philippus über die Karpen

Philippus persönlicher Einsatz bei der Bekämpfung der karpischen Aggressoren hatte einige Veränderungen herbeigeführt. Zum einem ist davon auszugehen, das trotz des Sieges ein kleiner Streifen des römischen Imperiums abhanden kam. Es handelt sich dabei um das Gebiet am Limes Transalutanus, welcher von Poiana bis Cumdiava verlief. Hier wurden nur Münzen aus der Zeit Gordian III. gefunden, was darauf schließen lässt, dass das Gebiet unter Philippus verloren ging[6]. Ein weiterer Beweis für die Tatsache, dass der Sieg kein allzu ruhmreicher war, ist an der römischen Propaganda zu erkennen, die verhältnismäßig schwach ausfiel. So gab es zwar Münzprägungen, welche die Niederlage der Karpen zeigten und auch der Beiname Carpicus Maximus wurde Philippus verliehen, jedoch sind die Funde eher spärlich[7]. Für die Region bedeutete der Krieg mit den Karpen einen infrastrukturellen Aufschwung. Mehrere Meilensteine zeugen davon, das Straßen erneuert bzw. verbessert wurden. Besonders viele wurden an den Straßen Brigetio nach Aquincum[8] und Aquincum – Mursa – Sirmium[9] gefunden. Dieser Ausbau von Verkehrswegen diente vermutlich vor allem dem Zweck der einfacheren und besseren Truppenverschiebung.

Ob es sich bei der Bezwingung der Karpen um einen erfolgreichen Feldzug handelte, kann strittig gesehen werden. Zosimos nennt es einen Sieg, obwohl dieser die sonstige Regierung Philippus kritisch betrachtet, während die wenigen Funde über den Sieg, sowie die Gebietsabtretung eher auf ein wenig überragenden Sieg schließen lassen. Dennoch konnten die Raubzüge unter Philippus gestoppt werden.

Die Usurpation des Pacatianus im Donauraum

Nach der Entschärfung des Karpenkonfliktes, kehrte Philippus zurück nach Rom. War

---

6 Tudor, 1974, S. 239.
7 Körner 2002, S. 157.
8 CIL III 4631; 4634.
9 CIL III 3717; 10627.

der äußere Feind vorerst besiegt, bedeutete dies noch lange nicht, dass die Gegend nun friedlich war. Usurpatoren stellten sich gegen Philippus, wovon einer in der Donauregion ausgerufen wurde. Sein Name war, laut mehreren Münzen[10], Tiberius Claudius Marinus Pacatianus. Wie bei vielen gescheiterten Usurpatoren ist auch über diesen wenig bekannt. Man vermutet, dass er aus einer Senatorenfamilie stammte. Hinweise hierfür finden sich in mehreren Funden, welche auf seinen Vater, Claudius Sollemnius Pacatianus, verweisen. In einer Inschrift aus Bostra wird dieser als Statthalter von Arabia tituliert[11]. In einer späteren sogar als konsularer Statthalter von Syria Coele[12], was auf einen Karrieresprung deutet. Die genaue Herkunft der Familie ist allerdings umstritten. Auch der genaue militärische Rang des Pacatianus ist nicht endgültig zu klären. Zonaras schreibt im 12. Buch Abschnitt 19, das Pacatianus es nicht wert wäre, Kaiser zu sein. Auch Zosimos behauptet, dass Decius den Kaiser mit der Aussage beschwichtigt hätte, Pacatianus würde nicht lange mit seiner Revolte bestehen[13], da ihm der Rückhalt fehle. Die geringe Einschätzung Pacatianus durch die beiden kann aber auch daran liegen, das sie entweder voneinander abgeschrieben oder zumindest die selbe Quelle benutzt haben[14]. Auch wenn der militärische Rang letztendlich nicht geklärt werden kann, so zeigt die Usurpation doch starke Auswirkungen. Philippus war gerade erst nach Rom zurückgekehrt und feierte im Jahr 248 n. Chr. das tausendjährige Jubiläum der Stadt. Dies war ein pompöses Fest, was seine Herrschaft eigentlich festigen sollte. Durch die Münzprägung von Pacatianus ist bekannt, das sein Aufstand kurz nach dieser Feier stattfand. Einige seiner Prägungen enthalten die Inschrift „Romae Aeter(nae) an(no) mill(esimo) et primo" sowie ein Bildnis der Stadtgöttin Roma[15]. Also kann der Zeitraum ziemlich genau auf die Jahren 248/49 eingegrenzt werden. Philippus war durch die Usurpation von Pacatianus und einer weiteren, nämlich der von Iotapianus wieder unter enormen Druck geraten. Er stellte den Senat vor die Entscheidung, ihn absolut bei den Gegenmaßnahmen zu unterstützen oder seinen Rücktritt anzunehmen[16]. Wie schon erwähnt, konnte nur Decius Weitsicht den Kaiser beruhigen. Über die Gründe für die Revolte gegen den Kaiser kommen mehrere eventuell in Frage. So wird vermutet, dass der Druck auf die

---

10 RIC IV 3, S. 104 f..
11 CIL III 94.
12 Körner 2002, S. 347.
13 Zosimos 1, 21 1-2.
14 Körner 2002, S. 282.
15 RIC IV 3, S.104, Nr.4.
16 Zosimos 1, 21 1.

Grenzen durch die Goten so stark anwuchs, das die dort stationierten Soldaten ihre Hoffnungen eher auf Pacatianus als auf Philippus setzten[17]. Allgemein waren Usurpatoren, welche von den Soldaten ausgerufen wurden, immer ein Zeichen für den Wunsch nach Kaisernähe. Ein anderer Grund könnte die Unzufriedenheit mit Severianus sein. Dieser war der Schwiegervater oder Schwager Philippus Arabs und als Statthalter in der Region eingesetzt. Diese These ist in der Forschungsliteratur allerdings umstritten, da sie nicht mit Quellen belegt werden kann, sondern durch den Putsch des Iotapianus, welcher sich gegen einen Verwandten Philippus richtete, konstruiert wurde. Welche Gründe nun ausschlaggebend waren, kann nur gemutmaßt werden. Auffällig ist nur, dass Severianus nach dem Putsch nicht mehr in den Quellen erwähnt wird. Pacatianus konnte sich allerdings nicht lange halten. Noch bevor Gegenmaßnahmen eingeleitet werden konnten, wurde dieser von seinen eigenen Soldaten getötet. Auch für diese Tat kann man nur Vermutungen anstellen. Entweder wollten die Soldaten einer Bestrafung entgehen oder Pacatianus hatte die hohen Erwartungen nicht erfüllen können. Es zeigt sich letztendlich nur, das es Philippus nicht gelang, Ruhe in seine Amtszeit zu erlangen, er sogar mit Rücktritt drohte, falls man ihn nicht unterstütze. Die Herrschaft von Philippus war alles andere als gesichert.

Der Einfall der Goten

Die größte Gefahr von außen hatte sich nun schon seit längerem angekündigt. Der Angriff der Karpen war eventuell darauf zurückzuführen, das sie auch aus ihrer angestammten Heimat verdrängt wurden, die Erhebung des Pacatianus erfolgte vermutlich auch, weil die Gefahr an den Grenzen stieg. All diese Herausforderungen konnte Philippus noch mehr oder minder meistern. Nun folgte aber der Einmarsch der Goten. Dieses kriegerische Volk war schon öfter in Konflikt mit dem römischen Imperium geraten. Das ursprünglich aus dem skandinavischen Raum stammende Volk war im laufe der Jahrhunderte bis nach Dakien gewandert. 238 brach der sogenannte Gotensturm los. Um diesen zu besänftigen, vereinbarte man Tributzahlungen. Die Stabilität des großen römischen Imperiums war abhängig von dem Wohlwollen dieses Volkes. Es gibt sogar Belege dafür, dass Gordian III. gotische Streitkräfte besaß[18]. In dem Jahrzehnt 238-248 werden keine weiteren kriegerischen Auseinandersetzungen zwischen Römern und Goten erwähnt. Der Grund für den erneuten Einfall kann mit der Einstellung von Tributzahlungen erklärt werden. So schreibt es zumindest Iordanes in

---

17 Huttner 2008, S.199.
18 Wolfram 2005, S.55.

seiner Getica. Zosimos bezichtigt Philippus der Nachlässigkeit[19], welche den barbarischen Stamm wieder zu den Übergriffen motivierte. Auch das könnte auf eine Einstellung von Tributzahlungen hindeuten. Zonaras zählt keine Gründe auf. Auch über den damaligen Heerführer kann nur spekuliert werden. Iordanes nennt ihn Ostrogotha. Ob dieser Person fiktiv ist oder zu dieser Zeit gelebt hat, ist nicht gesichert[20]. In der antiken Geschichtsschreibung werden die Goten noch als Skythen bezeichnet, ein zur damaliger Zeit gängiger Sammelbegriff für die fremden Stämme der Region. In den literarischen Quellen sind einige Widersprüche zu finden, was den Goteneinfall betrifft. Als gesichert wird angenommen, das die Goten die Stadt Marcianopolis belagert haben sollen. Sowohl Iordanes als auch Dexippos berichten davon. Für das Abbrechen der Belagerung gibt es zwei Vermutungen. Iordanes behauptet, die Stadt habe sich durch eine hohe Zahlung freigekauft, während Dexippos einen mutigen Angriff des Kommandanten Maximus für den Abzug verantwortlich macht. Welcher Version man nun Glauben schenken mag, dem gotenfreundlichen Iordanes oder Dexipp, dessen Kommandant Maximus nur einmal erwähnt wird, ist jedem selbst überlassen. Auch über die Gegenmaßnahmen des Philippus gibt es unterschiedliche Berichte. Zonaras schreibt lediglich, das Philippus vom Skythenkrieg nach Rom zurückkehrt[21]. Die Fachliteratur geht davon aus, das hier jedoch eine Verwechslung mit den Karpenkriegen vorliegt, weshalb man diese Behauptung wohl als falsch belegen kann. Auch Iordanes widerspricht dieser These und benennt Decius als Heerführer der Römer gegen die Goten. Dies scheint in der Hinsicht wahrscheinlicher, wenn man den späteren Verlauf der Geschichte betrachtet und die Tatsache bedenkt, dass Iordanes ausführlicher über die Goten berichtet und zeitlich näher am Geschehen war[22]. Fest steht letztendlich, dass die Goten nun im Römischen Imperium standen und Philippus gezwungen war, dem entgegenzuwirken.

Die Entsendung Decius in die Donauregion

Die Bedrohung durch die Goten war akut geworden. Ferner war die Stimmung der dort stationiert Truppen gegenüber Philippus angespannt. Dies zeigt die angesprochene Erhebung des Pacatianus. Der Kaiser konnte sich nicht auf die dort stehenden Legionen verlassen. Aus diesen Gründen sandte Philippus Decius, einen erfahrenen Senator und

---

19 Zosimos. 1. 23.
20 Vgl. Anmerkungen von Körner 2002, S.136.
21 Zonaras 12 ,19 584.
22 Körner 2002, S.137.

vermutlich auch Vertrauten des Kaisers, um der gefährlichen Lage Herr zu werden. Zosimos und Zonaras zeigen sich in ihren Werken als starke Befürworter von Decius. Dies zeigt sich schon vorher dadurch, das die Aussagen über Pacatianus von Decius zutreffen. Außerdem loben sie seine Weitsicht, seine militärischen Kompetenzen und seine edle Herkunft[23]. Iordanes hingegen hält sich mit Lobeshymnen zurück. Seiner Ansicht nach, gelingt es Decius nicht, die Goten zu stoppen, worauf ein Teil der römischen Truppen von ihm entlassen wird, welche sich im Umkehrschluss den Feinden anschließen[24]. Der Grund für diese Abweichung kann wieder einmal damit erklärt werden, das Zonaras und Zosimos gleiche bzw. verwandte Quellen benutzt haben. Vor allem Zosimos zeigt sich als starker Befürworter des Decius, da dieser ein Anhänger der alten Götter war. Philippus unterstellte er eine Nähe zu den Christen. Jedenfalls schreiben die beiden Autoren, als der Senator schließlich bei den Legionen ankam, wurde er von diesen dazu gezwungen, sich als Kaiser ausrufen zu lassen. Decius soll schon vorher solch eine Befürchtung gehabt haben und hatte deshalb versucht, sich der Entsendung des Kaisers zu entziehen. Selbst als ihn die Truppen schon erhoben hatten, soll er Philippus geschrieben haben, dass sich dieser nicht zu sorgen bräuchte, da er dieses Amt wieder abgeben würde. Philippus soll ihm aber kein Glauben geschenkt haben und zog gegen ihn in den Krieg[25]. Der Wahrheitsgehalt der Tatsache, dass Decius kein Interesse an der Kaiserwürde hatte, ist mehr als zweifelhaft, da er sich der Schlacht stellte. Ob Decius nun freiwillig oder gegen seinen Willen zum Kaiser ausgerufen wurde ist spekulativ. Das Philippus Entscheidung, ihn in die Donauregion zu schicken, eine folgenschwere war, ist indes gesichert.

Der Tod des Philippus Arabs

Die Regentschaft hatte ihr katastrophales Finale erreicht. Im ständigen Wechselspiel von Angriffen barbarischer Stämme und den einhergehenden Usurpationen im Inneren, war mit Decius als Gegenkaiser für Philippus die größte Herausforderung entstanden. Der Kaiser sah sich gezwungen, selbst wieder in den Krieg zu ziehen. Laut Zosimos und Zonaras war ebenfalls Philippus Sohn bei dem Feldzug anwesend. Beide fanden während der Schlacht den Tod und Decius ging als Sieger und neuer Kaiser hervor[26]. Andere Autoren berichten von einem Bürgerkrieg in Rom, welchem sein Sohn zum

---

23 Zosimos 1, 21; Zonaras 12, 19
24 Iordanes 16, 90.
25 Zonaras 12,19.
26 Zosimos 1,22 ; Zonaras 12,19.

Opfer gefallen sein sollen, andere wiederum behaupten, der Sohn sei nach dem Tod des Vaters von Prätorianern ermordet worden. Sogar die Theorie, Philippus II hätte mit Decius weiterregiert, ist zu finden. Die verschiedenen Quellen und Versionen werden bei Körner gut miteinander verglichen[27]. Bevorzugt wird in dieser Hausarbeit allerdings die Versionen von Zosimos und Zonaras. Durch die aufgezählten Unruhen und die daraus entstehende Eigendynamik der Region, ist es sehr wahrscheinlich, dass es zur Schlacht zwischen Decius und Philippus bei Verona gekommen ist, welche dem Kaiser zum Verhängnis wurde.

Ein Ausblick nach dem Tod Philippus Arabs

Philippus war tot und der siegreiche Decius mit seiner Usurpation erfolgreich. Auch fiel der gefallene Kaiser der „damnatio memoriae" zum Opfer, sprich sein Name und der seiner Familie wurde aus sämtlichen Inschriften entfernt. Dies belegen mehrere archäologische Funde. Verantwortlich wird dafür logischerweise Decius gemacht, da spätere Kaiser an sich keine Veranlassung dafür gehabt hätten. Der Regierungsübergang steht folglich im krassen Gegensatz zu dem von Philippus, welcher seinen Vorgänger Gordian III. vergöttlichen ließ. Wie schon oben erwähnt, wird Decius bei Zosimos in ein besseres Licht gerückt, da in seiner Regierungszeit eine Opferverordnung fällt, wodurch alle Bürger des römischen Imperiums dazu genötigt wurden, den alten Göttern zu huldigen und sich von dem christlichen Gott zu distanzieren. Zwar erwähnt Zosimos diese Verordnung nicht, jedoch gewährt Zonaras einen Einblick[28] in die christenfeindliche Stimmung des Decius. Hier lässt sich wieder schön erkennen, das die beiden Geschichtsschreiber in ihren Werken sehr dicht beieinander liegen, aber ihre Intentionen völlig verschieden sind. Das Ende des Decius weist dann doch wieder starke Parallelen zu Philippus auf. Im Kampf gegen die immer noch plündernd umherziehenden Goten, sendet Decius einen man namens Gallus als Kommandanten an die Front, welcher allen Anschein nach aber mit den Goten gegen den Kaiser konspirierte. Auch hier gehen die Quellen wieder auseinander. Fest steht, das Decius und evtl. auch sein Sohn bei einer Schlacht gegen die Goten zu Tode kam. Die Reichskrise nahm also weiter ihren Lauf.

Fazit

Philippus Arabs kurze Amtszeit von gerade mal 5-6 Jahren war geprägt durch alle nur

---

27 Körner 2002, S.310.
28 Zonaras 12,20.

erdenklichen Krisen. Sie ist geradezu ein Paradebeispiel für die Reichskrise des 3. Jahrhunderts. Barbareneinfälle und Usurpationen gehen Hand in Hand. Eben diese verhängnisvolle Kombination ergibt sich besonders deutlich an der unteren Donauregion. Während der Kaiserzeit Philippus ist sie Sinnbild für alles, was falsch läuft im Imperium. Der Druck von außen führt zu prekären Situationen im inneren. Ferner zeigen die vielen Usurpationen, wie stark das römische Heer die Kaiserwahl beeinflusst. Der Wunsch der Soldaten, einen starken militärischen Führer an ihrer Seite zu haben, ist ausschlaggebend. Die Betrachtungen in den historischen Quellen ist bisweilen schwierig. Jeder der hier genannten antiken Schriftsteller sieht in Philippus Arabs was anderes. Vor allem die religiöse Auslegung der Geschichte, wie sie von Zosimos und Zonaras praktiziert wird, lässt es einem schwer erscheinen, ein neutrales Bild für den Kaiser zu erstellen.

Schien er am Anfang seiner Regentschaft ein gutes Gespühr zu haben, so etwa bei dem Friedensschluss mit den Sasanieden oder seiner Anwesenheit beim Krieg gegen die Karpen, ließ die Weitsicht doch am Ende stark nach. Ihm gelang es nicht, seine Dynastie zu etablieren oder seine Erfolge propagandistisch auszuschlachten. Nicht mal ein Jahr nach der Jubiläumsfeier Roms traten Usurpatoren auf. Auch die Einstellung von Tributzahlungen an die Goten war ein kapitaler Fehler. Zu guter Letzt hätte ein Mann, der vermutlich selbst durch Mord an die macht gekommen ist und der die Gefahren, welche vom eigenen Heer ausgingen, kannte, niemals einen anderen Kommandanten als sich selbst an die Front schicken dürfen. Dieser Verlust der politischen Realität führte zu dem tragischen Ende des Philippus Arabs.

Literaturverzeichnis

Banchich,Thomas M./ Lane, Eugene N. (Übersetzer) „The History of Zonaras. From Alexander Severus to the Death of Theodosius the Great.", London, 2009.

Huttner, Ulrich „Die Ereignisse der Reichsgeschichte; Von Maximinus Thrax bis Aemilianus" in Johne, Klaus-Peter (Hrsg.) „Die Zeit der Soldatenkaiser; Band I", Berlin, 2008.

Körner, Christian „Philippus Arabs; Ein Soldatenkaiser in der Tradition des antoninisch-serverischen Prinzipats", Berlin; New York; de Gruyter, 2002.

Kienast, Dietmar „Römische Kaisertabelle. Grundzüge einer römischen Kaiserchronik", Darmstadt, 1996.

Mommsen, Theodor (Hrsg.) „Auctores antiquissimi 5,1: Iordanis Romana et Getica", Berlin, 1882.

Ridley, Ronald T. (Hrsg.) *„Zosimus. New History"*, Canberra, 1982.

Strobel, Karl „Das Imperium Romanum im 3. Jahrhundert. Modell einer historischen Krise? Zur Frage mentaler Strukturen breiterer Bevölkerungsschichten in der Zeit Marc Aurel bis zum Ausgang des 3.Jh.n.Chr.", Stuttgart, 1993.

Tudor, Dumitru „Nouvelles recherches archéologiques sur le limes Alutanus en Dacie inférieure" in D.M. Pippidi (Hrsg.) „Actes du IX congrès international d 'études sur les frontières romaines. Mamaia, 6-13 septembre 1972", Bukarest; Köln; Wien, 1974.

Wolfram, Herwig „Die Goten und ihre Geschichte", München, 2005.

Abkürzungen:

AE: „L'Anneé epigraphique"

RIC: „The Roman Imperial Coin Age", 10 Bände, London 1923–1994.

CIL: „Corpus Inscriptionum Latinarum", 17 Bände, de Gruyter (bis 1925: Reimer), Berlin 1862 ff.